NOTICE
D'UNE COLLECTION
DE
TABLEAUX

récemment apportés de la Belgique *[Mme Direckv]*

LA PLUPART DES ÉCOLES FLAMANDE ET HOLLANDAISE

PAR GEORGE

ANCIEN COMMISSAIRE-EXPERT DU MUSÉE DU LOUVRE

Rue du Sentier, 8.

LA VENTE AURA LIEU

Par le ministère de Me **BONNEFONS DE LAVIALLE,**

Commissaire-Priseur, rue de Choiseul, 11,

HOTEL DES VENTES MOBILIÈRES,

Salle n. 1,

RUE DES JEUNEURS, 42,

Le Lundi 20 Décembre 1852, HEURE DE MIDI.

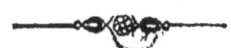

Exemplaire de Beundely père.

Exposition publique

Le Dimanche 19 Décembre 1852, de midi à cinq heures,

PARIS

MAULDE & RENOU,

IMPRIMEURS DE LA COMPAGNIE DES COMMISSAIRES-PRISEURS,
Rue de Rivoli prolongée.

1852

7157

D05412

CONDITIONS DE LA VENTE.

Elle sera faite au comptant.

Les acquéreurs paieront cinq pour cent, en sus des adjudications.

AVERTISSEMENT

—⋘⋅◊⋅⋙—

La plupart des tableaux inscrits dans cette Notice appartiennent aux écoles flamande et hollandaise, et proviennent d'un héritage recueilli par Mme Direckx, d'Anvers. Le genre et la qualité des ouvrages qui composent cette collection nous ont rappelé celles que nos marchands allaient anciennement rassembler plusieurs fois par an, dans les Pays-Bas, et qu'ils exposaient à leur retour dans les ventes publiques. Le succès de ces ventes était assuré par les chances de placement prompt et facile qu'elles offraient au commerce qui en avait pris la spécialité, et par l'attrait de curiosité et de nouveauté qu'elles présentaient aux amateurs. La collection dont nous publions la Notice, nous ayant paru reproduire au plus haut degré ces considérations de succès, nous avons accepté la direction de la vente sans nous dissimuler cependant le contre-temps qu'oppose d'ordinaire à la réussite de cette sorte d'opérations l'approche des fêtes de Noël et du Jour de l'An. Cependant, comme presque tous les tableaux de cette collection sont de petite dimension, offrent des compositions agréables, et que leur valeur est de celles qui ne dépassent pas les prix modérés, nous osons compter, comme en temps ordinaire, sur le nombreux concours des amateurs qui fréquentent aujourd'hui les ventes publiques.

DESCRIPTION ABRÉGÉE

DES TABLEAUX.

Ecoles Flamande et Hollandaise.

BEERESTRAETEN (GENRE DE).

1 — Plusieurs navires chargés de passagers, aux prises avec une tempête, vont échouer contre des rescifs qui hérissent l'entrée d'un port.

BEGA (CORNILLE).

2 — Un musicien ambulant s'apprête à jouer du violon devant quatre villageois réunis dans une salle basse.

BERGHEN (DIRCK VAN).

3 — Une femme montée sur un âne conduit des bestiaux à travers un gué.

BERCKHEYDEN.

4 — Deux voyageurs et une femme se rafraîchissent à la porte d'un cabaret d'Italie ; une servante puise de l'eau pour faire boire des bestiaux.

Fond de paysage d'une couleur chaude et lumineuse, et traité dans le style de Jean Both.

BOUT ET BOUDEWINS.

5 — Ruines du palais des Césars sur le mont Palatin.

BREDA (JEAN VAN).

6 — Trois saltimbanques montés sur des tréteaux jouent la parade en présence d'une population nombreuse attroupée devant eux.

Touche facile, couleur harmonieuse.

BREKELINKAMP (QUIRYN VAN).

7 — La fileuse. Assise devant son rouet, elle file du chanvre dans l'intérieur d'une cuisine.

Tableau agréable et d'une piquante vérité d'effet.

BREUGHEL (Pierre).

8 — Des barques chargées de personnages et d'animaux traversent un fleuve vis-à-vis d'un village entouré de bois.

BREUGHEL (Jean).

9 — Le Temps, marchant une faux à la main, et accompagné d'une Renommée qui sonne de la trompette, entraîne sur ses pas une multitude de personnages de toutes conditions qui cherchent en vain à se défendre contre la Mort qui les arrête en chemin.

Cette scène, qui a tout l'intérêt d'un drame fantastique, se recommande encore par l'éclatante fraîcheur de son coloris.

CUYP(École d'Albert).

10 — Un chasseur et des marchands de poissons réunis au bord d'un rivage auprès d'une ville masquée en partie par des massifs d'arbres : une barque seigneuriale traverse le fleuve.

Morceau éclairé à la manière du Cuyp, et attribué aux premiers temps de ce maître par les uns; par les autres, à Berkheyden.

DURER (École d'Albert).

11 — L'Adoration des Mages. — 24 figures. — Forme d'autel.

Le mérite de ce tableau nous fait vivement regretter de ne pouvoir indiquer le nom de son auteur. Cette incertitude de dénomination se reproduit souvent à cette époque de l'école allemande, et à propos d'œuvres très remarquables.

DUSART (Cornille).

12 — Quatre buveurs et fumeurs attablés dans un cabaret entourent un joueur de vielle.

GAAL (Bernard).

13 — Deux cavaliers arrêtés près d'une maison rustique devant laquelle se trouvent encore trois villageois.

Jolie petite toile à l'imitation des ouvrages de Wouwermans.

HEEMSEN (Jean).

14 — Le Réveil de l'Enfant Jésus.

Tableau traité dans le sentiment de style et de caractère de Léonard. S'il était peint sur un panneau italien, on pourrait l'attribuer à Luini sans invraisemblance.

HELMONT.

15 — Un paysan et une paysane dansent un pas de deux devant une foule de buveurs et de spectateurs qui encombrent la grande salle d'un cabaret : un joueur de cornemuse monté sur un tonneau accompagne ce menuet rustique.

Cette petite composition ne compte pas moins de cinquante-cinq figures toutes bien groupées et pleines de vérité.

HOOGH (Pierre de).

16 — Une dame hollandaise file son rouet dans une salle séparée par une cloison vitrée d'une seconde chambre, dans laquelle on aperçoit un homme regardant par une fenêtre d'où provient tout le jour qui éclaire la composition.

Un amateur a eu la malencontreuse idée de vouloir faire rajeunir le visage de la fileuse qui était celui d'une vieille femme. Si, comme on nous l'assure, la figure primitive n'a pas été détruite, le tableau recouvrerait, entre les mains d'une personne éclairée, tout le mérite et la valeur de son originalité.

JANSSENS.

17 — Des gens de haute distinction, réunis devant le péristyle d'un palais, assistent à un menuet exécuté par deux personnes de la société.

Dix-neuf figures. Composition dans le goût des ouvrages de Gonzalès Coques.

KEYSER (Théodore).

18 — Un seigneur hollandais et sa femme assis à l'entrée d'un parc ; ils se donnent la main.

Figures de grandeur naturelle et à mi-corps.

KOBELL (Jean).

19 — Trois vaches et une brebis paissent dans un vert pâturage.

Jolie et spirituelle inspiration de Paul Potter.

LAMBRECHT.

20 — Sept villageois attablés autour d'un tonneau prennent leur repas à la porte de leur habitation.

MAES (Dirck).

21 — Un piqueur, déjà en selle, tenant un second cheval par la bride et un faucon sur le poing, attend l'ordre du départ pour la chasse.

Maës a cherché dans ce tableau la manière et le brillant coloris du Cuyp.

LE MÊME.

22 — Un général monté sur un cheval blanc, et battant en retraite suivi de quelques cavaliers, est vigoureusement attaqué par les ennemis lancés à sa poursuite.

Tableau traité dans le goût et dans l'ordonnance des batailles de Hugtenbergh.

MAES (attribué à N.)

23 — Portrait d'une dame hollandaise, vue à mi-corps et tenant une rose à la main.

MEYER (F. DE FRANCFORT).

24 — Intérieur de cabaret. — Composition de onze figures, à l'imitation de Téniers.

MICHAU.

25 — La moisson. — A quelque distance d'une ferme ombragée par de grands arbres, des villageois se reposent des fatigues de la moisson ; d'autres fauchent les blés; des glaneuses emportent leurs récoltes.

Composition d'une fraîcheur de coloris et d'une verve de touche que ne désavoueraient ni Rubens ni Téniers.

PAR LE MÊME.

26 — Un jeune pâtre conduisant un troupeau de brebis, et des paysans, marchant par groupes, sillonnent en tous sens un chemin montueux conduisant dans un bois.

Production qui rappelle encore le pinceau facile et spirituel de Téniers.

PAR LE MÊME.

27 — Paysage. — A droite s'élèvent de grands arbres qui repoussent dans l'éloignement des coteaux boisés échelonnés sur un vaste horizon. Plusieurs groupes de figures garnissent le premier plan.

Ce tableau ne le cède en rien aux deux morceaux précédents.

MIÉRIS (François, le jeune).

28 — Une jeune fille en pleurs est grondée par sa mère qui semble lui reprocher une faute de coquetterie commise à propos d'un écrin de bijoux renfermés dans une boite d'écaille.

C'est assez louer ce petit tableau que d'en constater la parfaite conservation.

NEER (Ecole d'Adrien Van der).

29 — Vue de la Meuse encaissée dans des montagnes semée d'habitations d'un aspect fort pittoresque; quelques barques naviguent sur le fleuve. Effet de clair de lune.

Ce tableau est considéré comme étant de Van der Neer par le propriétaire de la collection.

NICOLAY (J. H. 1816).

30 — Une perdrix grise, un martin-pêcheur et autres oiseaux déposés sur une table, auprès d'une cage à piége et d'une carnassière.

Composition pleine de lumière et d'une grande fraîcheur de coloris.

OMMÉGANCK.

31 — Un bouc et deux moutons couchés sur le devant d'un 'pâturage; plus loin une chèvre et deux

brebis dans un chemin contournant un rocher.

Tableau provenant de la collection Robiano, de Bruxelles, peint en 1798, avec le soin que l'artiste apportait alors à ses ouvrages.

OSTADE (Adrien Van).

32 — Un vieux forgeron pose sur son enclume un fer rougi au feu. Deux compagnons travaillent à la forge.

Cette scène, qui n'est éclairée que par la lueur de la forge, est d'un effet saisissant, encore ravivé par la transparence vigoureuse du coloris et la verve facile de l'exécution. Le tableau porte la date de 1645.

PENS (Style de George).

33 — Portrait de Jean-Thomas Neukum, de Nuremberg, peint à l'âge de quarante-deux ans, en l'an 1578. Il est vêtu de noir et porte une longue barbe rousse.

Exécuté avec une grande délicatesse de pinceau.

QUERFURT.

34 — Deux cavaliers et d'autres soldats bivouaquent à l'entrée de leur tente; un trompette sonne le boute-selle.

Traité dans le goût de Wouwermans.

ROTTENHAMER.

35 — Diane, assise au bord d'une rivière qui serpente sous les ombrages d'une épaisse forêt, révèle à ses nymphes la grossesse de Calysto. —Vingt-cinq figures.

Composition séduisante et d'une riche profusion de détails ; le paysage réjouit les yeux par la fraîcheur et la gaîté de sa couleur verdoyante.

SCHEVENFELD.

36 — Un lapin de garenne suspendu par les pattes au-dessus d'une table en pierre, sur laquelle sont déposés des oiseaux de diverses espèces.

SCHOEWAERTS.

37 — Un rivage peuplé d'une multitude de personnages de toutes conditions.

SNEYERS (Pierre).

38 — Combat de deux corps de cavalerie, commençant sur une éminence qui s'élève au premier plan et s'étendant au loin dans la plaine.

Nous croyons devoir rappeler ici le succès que deux tableaux de Sneyers ont obtenu à la vente de la galerie du maréchal Soult.

STEEN (Imitation de Jean).

39 — La leçon de guitare. — Trois figures.

STORCK (ABRAHAM).

40 — Vue d'un village de Hollande situé au bord de la
mer.

SUSTERMANS (attribué à JUSTE).

41 — Jeune fille représentée tête nue, les cheveux tom-
bant en boucles sur ses épaules.

Portrait d'une rare habileté de facture.

TÉNIERS (Ecole de).

42 — Deux paysans, arrêtés à la porte d'un cabaret,
questionnent le maître du logis.

VALKENBURG.

43 — Une perdrix, un pigeon de mer et d'autres oiseaux
groupés en trophée au pied d'un rocher.

Très fin d'exécution et d'un brillant coloris.

VERBEEK.

44 — Dans une salle, soutenue par des colonnes et
décorant l'intérieur d'un parc, une brillante
société se dispose à la danse. Déjà deux dan-
seurs ont répondu à l'appel de l'orchestre.
L'assemblée se divise en groupes disposés d'une
manière très variée et très pittoresque.

Composition d'un aspect riche et joyeux;
figures posées avec goût et d'une belle exécution.

VERKOLIÉ.

45 — Une dame hollandaise assise dans un grand fauteuil en bois sculpté et accoudée sur une table, tenant un livre à la main.

Morceau remarquable par la beauté et le précieux de l'exécution.

WAGNER (Georges).

46 — Paysage dont l'aspect rappelle les sites de la Suisse Saxonne. Sur le premier plan un pâtre et une villageoise tenant sa quenouille, s'entretiennent en gardant leur troupeau.

Paysage d'une composition pittoresque et d'un ton de couleur séduisant.

WATERLOO (attribué à).

47 — Habitation hollandaise bâtie auprès d'un bois sur des coteaux sablonneux.

WITT (F. Vander).

48 — Portrait d'une dame hollandaise assise sous le péristyle d'un palais, et accoudée sur un piédestal décoré d'un bas-relief.

Grande perfection d'exécution : les mains surtout sont d'un travail admirable.

WOUWERMANS (Pierre).

49 — Sur les dunes de Scheweningh, plusieurs hommes sont occupés à décharger une charrette à quelques pas de deux bateaux marchands amarrés au rivage.

WYCK (Thomas).

50 — Au delà d'une grande voûte formant repoussoir, dans une cour intérieure, une femme est occupée à tirer de l'eau d'un puits.

ZORGH (Henri).

51 — Un marchand de légumes et sa femme assis devant leur marchandise étalée sur un quai d'une ville de Hollande.

Couleur vigoureuse et grande vérité d'effet.

PAR LE MÊME.

52 — Intérieur de hangar meublé d'une multitude d'ustensiles de ménage. Une femme y trait une vache; une autre paysane pile dans une auge de la pâture pour les bestiaux.

Tableau coloré et vrai comme le précédent.

Ecole moderne des Pays-Bas.

BRON (Philibert).

53 — Scène pastorale, à l'imitation de Boucher.

CANTINO.

54 — Une jeune ménagère anversoise marchande des fruits à une vieille femme qui étale ses denrées sur une table. Un jeune garçon regarde ces fruits d'un air de convoitise.

GROOTVELT (Fl. 1839).

55 — Intérieur d'estaminet hollandais; effet de lumière. — Quatorze figures.

HUYGENS (François).

56 — Trois dahlias, rouge, jaune et blanc, groupés au pied d'un arbre avec un œillet double, une belle de nuit et des fleurs des champs.

Exécution fraîche et brillante parfaitement appropriée à ce genre de peinture.

NOTERMAN (Zacharie).

57 — Un chat, surpris par deux chiens, s'échappe par la lucarne d'une remise.

58 — Un chien de chasse garde plusieurs pièces de gibier, au nombre desquelles est un perdreau suspendu à une porte.

Quoique très jeune encore, M. Noterman promet de continuer dignement la tradition des grands peintres d'animaux de son pays. Ceux de ses tableaux qui ont passé jusqu'à ce jour dans les ventes ont obtenu une faveur marquée et soutenue.

VELZEN (J.-P. Van).

59 — Vue de l'église Notre-Dame de Bon-Secours, à Bruxelles, prise à quelques pas d'une brasserie située sur la Zenne.

60 — Vue du vieux château de Vilvorde, à deux lieues de Bruxelles, sur le bord de la Zenne.

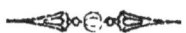

Ecole Italienne.

FIAMMINGO (Jacopo).

61 — La Vierge triomphante s'élève au ciel, debout sur un croissant soutenu par trois anges; d'autres anges groupés sur des nuages portent les symboles du Rosaire.

Cette petite production joint au style gracieux de Carl Maratte la couleur tendre et moelleuse d'un ouvrage de Poelenburg.

GIOTTO (Ecole de).

62 — Deux Saints debout devant un trône, sur lequel la Vierge est assise avec l'Enfant Jésus.

VÉRONÈSE (Ecole de PAOLO).

63 — L'Adoration des Rois. — Riche composition où l'on compte trente-huit figures.

⸺⊷⊶⸺

Ecole Française.

BOILLY.

64 — Vue de la porte St-Denis, de l'entrée du faubourg et du commencement du boulevart Bonne-Nouvelle.

LE PENDANT.

65 — Vue de la Porte et du Théâtre Saint-Martin, avec une petite partie du boulevart, l'entrée du faubonrg et de la rue de Bondy.

Une multitude de marchands ambulants, d'étalagistes, de fiacres et de promeneurs animent ces deux compositions qui reproduisent à peu près l'aspect du boulevart tel qu'il est encore aujourd'hui.

Nous considérons ces deux tableaux comme étant de la jeunesse de Boilly ; si nous étions dans l'erreur, nous serions très reconnaissant à la personne qui voudrait bien éclairer notre opinion.

BOURDON (Sébastien).

66 — L'Adoration des Mages.

Composition empreinte du grand style de N. Poussin, dont Sébastien Bourdon savait si bien s'inspirer.

CRÉPIN.

67 — Paysage pris en vue d'une vieille tour environnée d'arbres.

GABÉ (attribué à).

68 — Vue de mer à peu de distance d'un fort bâti sur des rochers.

LE PENDANT.

69 — Navires amarrés à l'embouchure d'un fleuve.

LACROIX.

70 — Paysage entrecoupé de collines rocheuses, de grands arbres, de fabriques, et arrosé par une rivière qui forme cascade sur le premier plan ; des blanchisseuses y viennent laver du linge.
Composition pittoresque et accidentée.

MARTIN (attribué à).

71 — Prise de Cambray par Louis XIV.
　　　Composition gravée d'après Van der Meulen.

LE POITTEVIN.

72 — Vue extérieure d'une ville de Normandie située
　　　sur le bord d'un fleuve. Des citadins se repo-
　　　sent sur le rivage à peu de distance de l'entrée
　　　d'un bois.

VALENTIN (Moyse).

73 — Jeune homme vu à mi-corps, assis dans un fauteuil
　　　et jouant de la flûte.
　　　　Moins la fierté de pinceau du maître qui l'a
　　　inspiré, ce morceau est tout Carravagesque.

VERNET (Attribué à Joseph).

74 — Vue de l'entrée d'un port par un effet de soleil
　　　couchant. Plusieurs groupes de figures animent
　　　le premier plan.

WATEAU (Ecole de).

75 — Pierrot transporté d'amour auprès de deux jeunes
　　　filles qui font de la musique.

76 — Cinq ou six tableaux non catalogués seront vendus
　　　sous ce numéro.

PARIS. — MAULDE et RENOU, Imprimeurs de la Compagnie des Commissaires-
Priseurs, rue de Rivoli prolongée, au coin de celle de l'Arbre-Sec.　7157